PAIDEIA
ÉDUCATION

MIXTE
Papier issu de sources responsables
Paper from responsible sources
FSC® C105338

COLETTE

Chéri

Analyse littéraire

© Paideia éducation.

22 rue Gabrielle Josserand - 93500 Pantin.

ISBN 978-2-75930-372-4

Dépôt légal : Septembre 2023

Impression Books on Demand GmbH

In de Tarpen 42

22848 Norderstedt, Allemagne

SOMMAIRE

- Biographie de Colette.. 9

- Présentation de *Chéri*.. 13

- Résumé du roman.. 17

- Les raisons du succès.. 25

- Les thèmes principaux... 31

- Étude du mouvement littéraire................................... 39

- Dans la même collection.. 43

BIOGRAPHIE DE COLETTE

Colette naît Sidonie-Gabrielle Colette en 1873 en Bourgogne, région dont elle ne reniera jamais l'accent. Sa vie est douce, entourée de son père, un ex-zouave unijambiste, et de sa mère, Sidonie dite « Sido », avec laquelle elle communique énormément. À dix-sept ans, elle fait la rencontre de Henri Gauthier-Villars, dit Willy, journaliste à Paris, de quinze ans son aîné. Ils se marient le 15 mai 1893 et Colette s'installe à Paris avec son époux.

On le découvre par la suite, mais Willy est un des plus grands « négriers » de son époque et n'écrit rien de sa propre plume : il va trouver en sa femme une mine d'or inattendue. Il engage donc Colette à écrire sur son enfance : « Vous devriez coucher sur le papier quelques souvenirs. » lui dit-il en 1895. Il publie ce récit (sous son seul nom) en 1900 : la série des Claudine est née et son premier opus, *Claudine à l'école*, est un indéniable succès. Pendant ses treize ans de mariage, Colette écrit les Claudine et son mari les publie en son nom ; du reste, il n'exploite pas que son talent littéraire, et l'exhibe dans la presse, la force à danser nue et annihile leur vie privée. Mais Colette souffre de la situation et cherche à s'extraire de son mariage. En 1905 elle écrit *Dialogues de bêtes* en son nom propre (elle signe alors « Colette Willy ») et est mise à la porte par son mari en 1906. Commencent alors ses amours pour le théâtre et la danse, elle se produit dans les music-halls et cabarets de Paris avec Missy, sa partenaire sur scène et dans la vie.

Colette fait ensuite la connaissance d'Henry de Jouvenel, rédacteur en chef au journal *Le Matin*, qui deviendra son second mari (1912). Elle se remet rapidement à l'écriture et publie des contes et des reportages pour le journal. Le couple, d'abord très heureux, est bientôt menacé par la mobilisation de Jouvenel en 1914 et par la jalousie de Colette : il est infidèle. Ils se séparent en 1923, moment où elle rédige *Chéri* et

Le Blé en herbe. Peu de temps après, elle tombe amoureuse du tout jeune fils de son ex-mari, Bertrand de Jouvenel ; leur relation fait scandale. Puis, son troisième mari, Maurice Goudeket, apparaît dans sa vie en 1925. Ils ouvrent ensemble un salon de beauté, lubie de courte durée.

Lorsque Maurice est déporté en 1941, Colette se bat pour le faire sortir du camp de Compiègne où il est enfermé et obtient sa libération. Souffrant d'arthrite, elle est immobilisée au lit où elle continue d'écrire. En 1945 elle remplace son ami Sacha Guitry à l'Académie Goncourt et en devient présidente en 1949. Elle meurt le 3 août 1954 chez elle entourée de Maurice et de sa fille. Le gouvernement décréta des funérailles nationales.

PRÉSENTATION DE CHÉRI

Écrit en 1912, le roman n'est publié qu'en 1920 et fait scandale lors de sa parution. Il s'attaque en effet à un sujet tabou : l'amour partagé d'un jeune homme avec une femme d'âge mûr. Car Chéri, avant d'être le nom de l'œuvre, est celui du personnage, le jeune et beau Monsieur Peloux, ayant pour maîtresse une vieille rivale de sa mère : la courtisane Léa de Lonval, de vingt-quatre ans son aînée.

Si ce roman constitue donc une étude de mœurs, un essai sur la vie de loisirs et d'ennui de la société mondaine de 1912, il est également une fine analyse psychologique, et plus particulièrement de la psychologie féminine, à travers le personnage de Léa qui vit son premier chagrin d'amour à quarante-neuf ans et qui, après avoir été jalousée de tous, est livrée aux moqueries triomphantes de ses rivales lorsque son amant la quitte pour se marier.

RÉSUMÉ DU ROMAN

I de « Léa ! Donne-le moi, ton collier de perles ! » jusqu'à « Chéri, blasé, ne se retourna même pas »

Le roman fait une entrée *in medias res* chez Léa et surprend Chéri (Fred Peloux) et sa maîtresse (Léonie Vallon dite Léa de Lonval) au saut du lit, alors que la matinée, « une heure moins le quart », est déjà bien avancée. Chéri joue avec un collier de perles, traînant au lit au lieu de se préparer pour aller déjeuner chez sa mère, « la harpie nationale ». Il apprend à Léa, au détour d'une conversation, son futur mariage avec la fille de Marie-Laure ; son amante ne bronche pas. Le jeune homme part avant elle et elle lui confie les rejoindre pour le café.

II de « Mon bain, Rose ! » jusqu'à « venait les unir sur le tard : Chéri »

Léa déjeune de vin et de fraises et donne des consignes à toute sa maisonnée avant de se rendre chez Madame Peloux. Elle y trouve Chéri, sa mère (Charlotte Peloux), Marie-Laure et la fille de celle-ci, Edmée, future épouse de son amant. Elles se saluent et Léa note la jeunesse et le caractère ingénu de l'enfant qui semble livrée aux fauves. Marie-Laure, qui sent certainement poindre aussi la dangerosité de la situation, se retire avec sa fille.

III de « Léa se souvenait de Chéri enfant » jusqu'à « comme si elle lui eût, par mégarde, fait très mal »

Les deux femmes parties, Léa reste en compagnie de Chéri et de sa mère et, tandis que ces deux-là s'endorment, elle se remémore l'enfance « dévergondée » de Chéri, sa fuite du collège, son retour chez sa mère et ses soirées scandaleuses à Montmartre. Elle en vient enfin aux débuts de leur idylle survenue par un baiser brûlant échangé sur la terrasse des Peloux, cinq années plus tôt.

IV de « Quand Léa se souvenait du premier été en Normandie » jusqu'à « qui nie son angoisse, sa gratitude et son amour »

Léa se souvient de l'été suivant ce baiser où elle avait emmené son jeune amant à la campagne pour plusieurs mois. Elle lui avait fait donner des leçons de boxe par Patron, un ancien amant. Léa trouvait son nouvel amant méchant, et ne semblait l'avoir pris avec elle que pour mieux s'en détacher : mais malgré toute son indifférence feinte, elle n'y parvint pas. Le lendemain de leur retour à Paris, ils se retrouvent pour ne plus se quitter.

V de « elle-même hier soir en dînant » jusqu'à « Et je doterai tes gosses ! »

Retour au présent où Chéri et Léa discutent du mariage à venir. Le jeune homme tente de susciter la jalousie de sa maîtresse. Cette dernière ne lui donne pas satisfaction et lui fait valoir son futur retour à la tranquillité et la satisfaction qu'elle y trouvera. Alors qu'il fait la moue, mécontent de ses réponses, elle lui propose qu'ils se rendent chez le joaillier afin qu'elle lui fasse cadeau d'une perle pour son mariage.

VI de « ils devinrent tous deux très gais » jusqu'à « tu viens de me rendre heureuse »

Les quelques semaines avant le mariage sont empreintes de joie pour le couple Léa-Chéri. Séparés le jour, ils ne se retrouvent plus que quelques nuits par semaine où ils s'amusent des préparatifs du mariage et des drames occasionnés par Marie-Laure et Madame Peloux. Ils se montrent un instant émus de la fin de leur relation mais parviennent à masquer leurs émotions respectives.

VII de « Mme Peloux avait dû parler beaucoup et longtemps avant l'arrivée de Léa » jusqu'à « personne ne sait rien chez moi »

Peu de temps après le mariage de Chéri et alors que celui-ci est en voyage de noces en Italie, Léa passe l'après-midi chez Charlotte Peloux. Cette dernière, accompagnée de ses amies, la raillent sur son chagrin d'amour mais Léa garde la tête haute en leur faisant miroiter un amant secret. Écœurée devant le spectacle de la vieille Lili et de son jeune amant adolescent, Léa s'enfuit chez elle. Elle s'y trouve malade, avant de comprendre qu'elle est simplement accablée par l'absence de Chéri ; elle décide donc de partir en voyage en laissant à Charlotte Peloux une simple lettre.

VIII de « Sais-tu bien, mon trésor aimé » jusqu'à « pourquoi est-ce que je n'aurais pas un cœur, moi aussi ? »

Quelques mois ont passé et Chéri, rentré d'Italie, a eu vent de la fuite de Léa. Il ne masque pas sa jalousie à sa mère quand elle laisse sous-entendre que son ancienne maîtresse est partie avec un jeune amant. Le jeune couple Edmée-Chéri vit chez Charlotte en attendant la construction et l'aménagement de leur hôtel particulier ; la vie s'organise entre les piques de la belle-mère, la fragilité tenace d'Edmée et les sautes d'humeur de Chéri.

IX de « Qu'est-ce que tu fais là ? » jusqu'à « ni son demi-rire muet »

Chéri surprend sa jeune épouse en train de fouiller son secrétaire à la recherche de lettres d'amour que lui auraient adressées Léa. Les deux jeunes gens s'invectivent et Chéri finit par consoler Edmée en adoptant les mêmes attitudes que Léa. Il se fâche réellement quand la jeune femme lui reproche de lui servir d'« alibi ».

X de « Il marchait légèrement » jusqu'à « dans un sommeil noir et épais qui le défendait de toutes parts »

Chéri sort de chez lui pour la première fois en six mois et ses pas le mènent jusqu'à la demeure de Léa. Elle est absente et il tente de soudoyer son concierge, Ernest, pour en apprendre davantage ; sans succès. Il prend alors la mesure de son désarroi et du manque que creuse en lui l'absence de son ancienne maîtresse. Il prend le parti de ne plus rentrer chez lui après une soirée passée au restaurant avec Desmond, un de ses « amis » qu'il entretient.

XI de « Il coula des jours honteux » jusqu'à « une petite épouse sauvage »

Chéri s'installe à l'hôtel Morris avec Desmond et vagabonde durant trois mois dans les rues de Paris ; partageant son temps entre des allers-retours devant l'hôtel de Léa aux volets clos et des soirées chez la Loupiotte ou sa copine. Desmond lui suggère le divorce mais Chéri, capricieux, refuse l'idée en bloc. Un soir qu'une fois de plus il marche dans la rue de Léa, il s'aperçoit du retour de cette dernière. Chéri passe du bonheur à la souffrance en songeant qu'un autre jeune homme a pu le remplacer dans le cœur de sa maîtresse ; il décide finalement de rentrer chez lui retrouver sa mère et Edmée.

XII de « Léa rejeta loin d'elle » jusqu'à « C'est bien agréable »

De retour de six mois à Guéthary, Léa entend remettre de l'ordre dans sa maison. Ceci surtout pour ne pas penser aux échecs de son voyage, à ses rencontres de passage et à ses amourettes infructueuses, pour ne pas penser à Chéri en somme. Elle tente de noyer sa solitude dans de nombreux achats et sorties dans Paris. Un beau jour, elle reçoit la visite de Charlotte Peloux venue l'humilier en lui vantant les mérites du jeune couple que forment à nouveau Chéri et Edmée.

XIII de « Va, va... » jusqu'à « qu'elle n'avait pu enfanter »

Léa se résout à retrouver sa vie parisienne sans Chéri mais il la hante, elle l'aperçoit partout. Il finit par se manifester réellement un soir alors qu'elle s'apprête à se coucher. Après une scène de jalousie pour un amant imaginaire, ils finissent par se réconcilier et s'abandonnent au plaisir des retrouvailles. Tandis que Chéri s'endort dans ses bras, Léa songe à organiser leur fuite dès le lendemain.

XIV de « Éveillé depuis un long moment » jusqu'à « comme un évadé »

Tandis que Chéri feint d'être toujours endormi, il observe Léa qui se lève et commence les préparatifs de leur départ : il la trouve marquée par le temps et souffre de ce constat. Alors qu'ils prennent le petit déjeuner ensemble, Léa interroge Chéri sur ses intentions pour « *là-bas* », c'est-à-dire chez sa mère, et les dispositions qu'il souhaite prendre avant que tous deux ne s'enfuient. Cette question force le jeune homme à sortir de son mutisme et à avouer son erreur de la veille à sa maîtresse. Il finit par quitter les lieux à regret, mais ils sont tous deux résignés et prêts, pour leur bien, à renoncer à leur histoire d'amour passée.

LES RAISONS
DU SUCCÈS

Un roman à scandale

À sa parution en 1920, le roman fait scandale. L'une des principales raisons, qui par ailleurs sous-tend l'énergie du récit, est celle de la différence d'âge. Elle est en effet importante. On comprend rapidement que Chéri a vingt-cinq ans, que Léa en a « quarante-neuf, [il] connaî[t] le chiffre », ce qui les accable de vingt-quatre ans d'écart. Cette prise du temps est visible sur Léa qui porte les stigmates de la vieillesse : ces derniers se font d'ailleurs plus oppressants au fur et à mesure que le roman s'achemine vers sa fin. Du caractère peu flatteur pour son teint de certaines couleurs, comme le « mauve tendre, cette sale couleur que je déteste et qui me le rend » que Léa désavoue elle-même au discours direct, ou bien son cou qui « perd sa blancheur » au regard de celle des perles ; on en vient vers la fin du récit à des allusions beaucoup plus cruelles lorsque, décrite par le regard de Chéri, elle arbore « le menton double et le cou dévasté » d'une « vieille femme », et son amant assiste alors au « naufrage de la beauté ».

La frontière est par ailleurs assez mince entre cet amour pour une femme et l'amour pour une mère qu'éprouve Chéri à l'égard de sa maîtresse. Ces deux formes d'adoration s'entremêlent dans un ballet aux notes incestueuses. On relèvera tout d'abord le surnom, affectueux du reste, de Nounoune « qu'il lui avait donné quand il était petit » et dont il l'affuble en permanence : on en notera d'ailleurs un emploi accru dans les dernières pages du roman qui viendra encore davantage creuser la différence d'âge et les prémices de leur séparation définitive. Ce surnom partage des consonances similaires avec la « nounou », diminutif de « nourrice », autrement dit le substitut de la mère, le rapport à l'autre du nourrisson. En fait de « nourrisson », il en est plusieurs fois question car Léa compare Chéri à un « nourrisson méchant ».

Cette métaphore se fait elle aussi plus fréquente, verbalisée par Léa à l'attention de Chéri, dans les dernières pages du récit ; elle prend même réellement vie quand Chéri, qui a réclamé à boire « J'ai soif. Nounoune, j'ai soif... » d'une manière enfantine, est ensuite assisté comme un nouveau-né par sa maîtresse « qui soutenait, tandis qu'il buvait, le torse de son nourrisson méchant ». Il est, en outre, plusieurs fois question d'« enfant » pour désigner Chéri (plus d'une quinzaine de fois dans le récit), substantif également utilisé pour sa jeune femme, Edmée, ce qui suggère qu'ils soient plus adaptés l'un à l'autre que le couple qu'il forme avec Léa.

Mais ne nous leurrons pas, si la différence d'âge entre les deux héros est jugée scandaleuse, c'est parce qu'elle défie les normes de l'époque : la femme de ce couple est plus âgée que l'homme. Car ce qui peut choquer, avec toute la difficulté que les contemporains de Colette auront à nommer ce phénomène, c'est le caractère féministe du roman. André Maurois déclarait d'ailleurs à propos de l'écrivain : « C'est la première femme qui ait vraiment écrit en femme. » Les nombreuses introspections réalisées, via le personnage de Léa notamment, en sont la preuve. Une incursion dans le passé de cette dernière est réalisée page 11 où l'on apprend que Léa était une « blonde adulée » devenue aujourd'hui une « courtisane bien rentée ». On notera que le mot « carrière » est utilisé à deux reprises pour désigner son activité et lui donne ainsi tout le crédit que Colette souhaite lui imputer. Car Léa est en réalité une femme qui a réussi et qui peut aujourd'hui organiser sa vie autour de ses propres désirs. L'auteure prend d'ailleurs plaisir à décrire le luxe dont s'est entourée la courtisane, la vie oisive qu'elle mène ou encore les ordres qu'elle dispense à toute sa maisonnée : « Pas de crème-surprise ce soir, qu'on nous fasse seulement des sorbets au jus de fraises. Le café au boudoir. » Qui plus est, Léa est une battante, et c'est avec « un visage de bataille » qu'elle se rend chez Charlotte Peloux, bien décidée à affronter la future femme de Chéri et les difficultés à venir. Chéri prête d'ailleurs à sa combativité et sa tempérance des traits masculins qu'il estime fort respectueux : il la compare tour à tour à un « frère » et à « un honnête homme ».

Une peinture de la société de 1912

Mais enfin si le succès est au rendez-vous malgré le scandale, c'est parce que l'auteure excelle dans l'art d'écrire cette société mondaine et son époque. Ses deux personnages, Chéri et Léa, soit respectivement le dandy et la courtisane, sont des *topoï* du genre et sont aisément reconnaissables. Le premier notamment, cet enfant caractérisé par ses caprices, son incapacité à entrer dans le monde adulte, est une caricature de son époque. Un rentier qui n'hésite pas à dilapider son bien, il en est question à plusieurs reprises pour n'y trouver que l'insatisfaction de ses désirs. Léa d'ailleurs n'est pas en reste en terme de consommation lorsque souffrant de « son mal de cœur moral », « elle eut envie, en peu d'instant et par saccades, d'une victoria bien suspendue, attelée d'un cheval de douairière, puis d'une automobile extrêmement rapide, puis d'un mobilier de salon Directoire », tous ces bien matériels destinés à soigner son mal d'amour. Colette prend plaisir à dresser un portrait narquois d'une délicieuse opulence qui perd leur bonheur.

Cette déferlante de luxe est principalement décrite à travers les intérieurs dans lesquels les personnages évoluent et l'usage que les dames font de la mode : « Les jeunes femmes, que la mode de 1912 bombait déjà du dos et du ventre, raillaient le poitrail avantageux de Léa. » La mode va d'ailleurs tellement vite que Léa, après six mois d'absence, se sent dépassée devant ces « jupes qui changent » et ces « chapeaux qui montent ». La suggestion qu'elle fait pour elle-même, de se coiffer avec la nuque dégagée, « un petit rouleau bas, comme Lavallière » est encore un marqueur de l'époque dans laquelle s'ancre le roman puisque cette comparaison désigne une actrice en vogue au début du XXe siècle.

Enfin, tout rentier a ses « parasites », qu'incarnent ici des personnages comme le Vicomte Desmond, « cette vieille noblesse d'épée » désargentée qui vit au crochet de nouveaux riches comme Chéri et s'emploie à les distraire. La mère de ce dernier, Charlotte, n'est d'ailleurs pas en reste et est elle-même affublée de la baronne de la Berche et de Mme Aldonza qui viennent chaque dimanche « en échange d'un verre de fine et d'un dîner », profiter des largesses qu'elle leur prodigue car cela lui donne l'illusion de sa propre grandeur. Mme Aldonza, ancienne danseuse, est d'ailleurs fortement méprisée par Léa et Charlotte qui lui donnent leurs vieux vêtements quand elle les « mendi[e] », le pire des avilissements. À travers ses personnages, Colette s'emploie donc à faire défiler des portraits caractéristiques pour renvoyer à la société son propre reflet, peu flatteur, dans le miroir de son œil narquois.

LES THÈMES
PRINCIPAUX

Une tragicomédie poétique

Si nous ne pouvons ignorer les accents dramatiques du récit (amours perdues, déchirement des protagonistes, mariages d'intérêts), force est de constater que le ton sait se faire léger, ou tout au moins moqueur, en plusieurs circonstances et joue notamment sur le comique de mot et de caractère. Chéri, par exemple, s'il est un enfant, n'est pas non plus un homme mais plutôt « une vieille coquette », « une cocotte », en somme une vieille femme aux mœurs légères, comparaison qui confère un ton burlesque au roman. Il semble d'ailleurs partager cette caractéristique avec sa mère, très souvent moquée par Léa au discours indirect libre et qui présente plusieurs particularités de caractère destinées à amuser le lecteur. C'est un personnage haut en couleurs qui ne parle pas mais « trompett[e] fort et faux » ; le mot est utilisé tantôt en verbe (comme présentement) ou tantôt sous sa forme substantive : « la trompette redoutable ». Cette voix « nasillarde » aime se faire entendre et ne « répète jamais moins de deux fois une vérité première », promesse tenue par Colette puisque cette particularité énonciative est poursuivie par le personnage jusqu'à sa dernière apparition. Enfin, Léa souligne à plusieurs reprises son allure ridicule : « Elle portait ce dimanche-là une robe d'après-midi noire à jupe très étroite, et personne ne pouvait ignorer que ses pieds étaient très petits ni qu'elle avait le ventre remonté dans l'estomac. » Un autre personnage fait d'ailleurs écho à celui-ci en termes de particularité vestimentaire : la vieille Lili. « Elle marchait difficilement sur des pieds tout ronds et enflés, ligotés de cothurnes et de barrettes à boucles de pierreries, et s'en congratula la première : "Je marche comme un petit canard !" », vision que Léa qualifiera pour elle-même, non sans humour, d'« effroyable », notamment cette « peau gaufrée de dindon coriace » ou encore ce « cou large comme un ventre et qui avait aspiré le menton... ». La baronne de la Berche, quant à elle, présente une pilosité trop importante est n'est que « poils dans les oreilles, buissons dans le nez et sur la lèvre ». Léa enfin ne se ménage pas et s'invective régulièrement en se traitant tour à tour de « vieux trottin » ou encore, alors qu'elle se regarde dans le miroir portant son collier de perle, de « jardinière [...]. Une maraîchère normande qui s'en irait aux champs de patates avec un collier. Cela me va comme une plume d'autruche dans le nez, – et je suis polie », sur un ton délicieusement décalé.

Mais cette légèreté sait aussi faire la part belle à la poésie et aux personnages grossiers que constituent Charlotte Peloux et ses amies, qui viennent s'opposer à des caractères et des situations empreints de délicatesse. Si l'intérieur de Mme Peloux semble décoré avec un goût douteux, « c'est laid, ce bazar ! », en revanche son jardin est un véritable Eden, et le royaume des fleurs et des parfums.

« Une bouffée d'acacia entra, si distincte, si active, qu'ils se retournèrent tous deux comme pour la voir marcher.

"C'est l'acacia à grappes rosées, dit Léa à demi-voix.

— Oui, dit Chéri. Mais comme il en a bu, ce soir, de la fleur d'oranger !" »

Cette parenthèse botanique vient se donner en écrin au moment des premiers baisers échangés par Léa et Chéri avec toute la symbolique d'extase des sens qu'elle transporte.

Des moments tendres enfin, comme cette scène où Chéri les compare, lui et sa femme à des « orphelins » et s'en trouve ému. Le personnage d'Edmée constitue d'ailleurs à lui seul de véritables instants de poésie. La jeune fille n'est que douceur, couleurs poudrées et blanc virginal. En témoignent son « timbre féminin, nouveau, faible, aimable », ses « cheveux mousseux, [...] comme poudrés » qui « sentent la vanille », ses « yeux inquiets qui se cachent », ses « joues blanches et rosées » ou encore cette « robe en jais blanc » qu'elle porte quand elle regarde depuis la fenêtre son époux s'enfuir.

Symbolisme et mythologie

Car cette apparition virginale d'Edmée, toujours vêtue de clair, appelant l'hiver de ses couleurs pâles, constitue l'un des pendants (une Pénélope attendant Ulysse) d'une métaphore mythologique filée tout au long du récit. S'y incarne très précisément Chéri qui présente toutes les caractéristiques du Mercure romain (Hermès pour les Grecs) et plus particulièrement les « pieds ailés » du dieu qui lui permettent un pas muet et font de ses apparitions à la porte de la chambre de Léa des sortes de mirages imprévisibles. Du reste, il ne partage pas que des particularités physiques avec le dieu puisque le caractérisent également le mensonge et la duperie. Hermès/Mercure est en effet le dieu des voleurs, là où Chéri « triche » ou « feint la mollesse du sommeil ». En opposition au jeune homme, la physionomie et la psychologie de Patron l'apparentent à un « hercule », tout en force mais présentant peu de ruse. Quant à Charlotte Peloux jeune, elle était un « Éros blond et potelé », comparaison qui justifierait qu'elle ait enfanté un dieu ; l'analogie est du reste assez peu flatteuse puisqu'elle est ainsi comparée à un angelot dodu. Un autre aspect de sa personnalité est d'ailleurs exploité à travers une métaphore mythologique puisque Chéri et Léa l'appellent entre eux « la harpie nationale », sorte de prédatrice ailée affublée d'un corps d'oiseau et de serres aiguës, porteuse de la vengeance divine. Les harpies dans la mythologie grecque sont par ailleurs immortelles et bruyantes, et la métaphore se révèle parfaitement adaptée et nous désigne donc, sous ses airs pataud, un personnage dangereux.

Léa, pour sa part, se compare elle-même durement à une « goule qui ne veut que de la chair fraîche », faisant alors l'analogie avec une sorte de vampire femelle qui puiserait son éternelle jeunesse à la bouche mordue d'hommes systématiquement plus jeunes qu'elle. Cet écart d'âge entre elle et Chéri n'est d'ailleurs pas sans rappeler un autre conte mythologique et le concept qui en émane : le complexe d'Œdipe. Et, en effet, à l'instar du héros tragique, Chéri est amoureux d'une figure féminine de mère qui vient en remplacement de celle qu'il n'a jamais eu car elle l'a rapidement confié à d'autres. Qui plus est, cette métaphore fait sens à la fin du roman lorsque Chéri poursuit son Œdipe désordonné en affublant un autre sexe à Léa avant de la quitter, comme pour tuer le père : « Rien que la vérité. Peux-tu la nier, toi qui es un honnête homme ? », dit-il à sa maîtresse.

Amours et faux-semblants

Au regard des incursions symboliques à l'instant révélées, les miroirs sont autant de subtiles figures du temps qui passe et renvoient aux héros l'image amère des vérités sous les apparences. Lorsqu'ils deviennent d'ailleurs trop cruels à Léa, elle décide de refaire sa décoration et de « remplacer tous les grand miroirs par des toiles anciennes, peintes de fleurs et de balustres ». Ils sont marqueurs de vérité mais se dérobent sans cesse, il est donc bien difficile d'obtenir d'eux des réponses et quand « dans un miroir, à la dérobée, Léa l'[épie] », le visage de Chéri « dispar[aît] du miroir ». De la même façon, ils ne sont qu'illusion et Chéri, se réjouissant à la perspective de revoir bientôt sa maîtresse, imagine une toute autre silhouette dans les glaces de la rue Bugeaud : « Elle y est peut-être déjà, dans le miroir de Léa, l'image du jeune homme. » Il reste tétanisé par cette idée, pourtant fausse, puisque Léa n'a pas ramené d'amant de son voyage.

En outre, Chéri partage avec ces objets les couleurs irisées de reflets qui l'ornent régulièrement et font tout à la fois figure de beauté et de malice. Qu'il s'agisse de son « cheveu bleuté comme un plumage de merle », de ses dents qui présentent les mêmes reflets irisés que les perles et sur lesquelles passe une « étincelle rose » ou encore de « l'arc délicieux de la lèvre supérieure » qui retient à ses sommets « deux points de lumière argentés », Chéri est tout en reflets et moiré de couleurs brillantes. Comme si sa physionomie toute entière cherchait sans cesse à séduire mais se dérobait ; c'est d'ailleurs certainement ce pourquoi « Léa n'avait, au bout de trois mois d'intimité, rien compris à Chéri ».

Léa, quant à elle, lorsqu'elle se découvre amoureuse après le mariage de Chéri, sent la situation lui échapper et semblait ne pas si bien se connaître elle-même. Aussi nous livre-t-elle cette anaphore « Qu'est-ce que j'ai donc que je ne dors pas ? » ou encore : « Qu'est-ce que j'ai ? » pour nous exprimer son sincère désarroi devant ce sentiment nouveau. Léa qui, lorsqu'elle n'est pas victime de sa propre ignorance, l'est de ses prétendues amies qui ne perdraient pas une miette du spectacle de son chagrin et jubilent d'avance de voir sa beauté se faner. Ainsi, pour exemple, ce compliment immédiatement serti d'une insulte que lui adresse Charlotte : « Dieu que tu sens bon ! Tu as remarqué que quand on arrive à avoir la peau moins tendue, le parfum y pénètre mieux ? », fine manière de lui parler de son âge et des flétrissures qu'il engendre ! Malgré ces faux-semblants, Colette nous livre avant tout un récit sensuel, émouvant dans ses contradictions, et dessine des personnages attachants dans leur incapacité à savoir aimer.

ÉTUDE DU MOUVEMENT LITTÉRAIRE

Autobiographie et quête de soi

« En fait, l'œuvre de Colette trouve sa cohérence dans l'unité d'un projet existentiel qui la sous-tend en apparence mais qu'en réalité elle construit et achève au long du demi-siècle qu'elle couvre. Ce projet c'est celui de devenir un être. »

Il est vrai que Colette écrit le plus souvent sur ce qu'elle connaît, sur sa vie, et même si elle la romance, force est de constater que Claudine n'est que le nom derrière lequel se cache la vie, les joies et les déboires de Gabrielle-Sidonie, dite Colette.

À l'aune de cette habitude, ils furent nombreux à penser que l'écriture de *Chéri* était autobiographique, liée à l'aventure qu'elle entretint avec Bertrand de Jouvenel peu après son divorce avec le père de celui-ci ; pourtant, la chronologie des événements empêche de tirer de telles conclusions. En effet, bien que paru en 1920, le roman a été rédigé bien avant, en 1912. Néanmoins, si cette relation décrite par Colette d'une femme avec un homme plus jeune n'est pas autobiographique, elle était effectivement peut-être préméditée, fantasmée tout au moins, et a trouvé son épanouissement sous la plume avant sa réalisation dans la vraie vie.

Par ailleurs, si l'œuvre n'est pas autobiographique, le personnage de Chéri pour sa part est inspiré d'un vrai soupirant de Colette : Auguste-Olympe Hériot. Elle le rencontre en 1909 et le jeune homme tente alors de la séduire par tous les moyens. À l'instar du roman, ils partent ensemble en voyage : en Italie plus précisément, comme le fait Chéri avec la jeune Edmée. Sportif, Hériot pratique la boxe, discipline également présente dans le roman et à laquelle le protagoniste est initié par Patron. Enfin, si Colette se sépare assez rapidement de cet amant pourtant généreux, et résigné à la couvrir de présents, c'est qu'elle ne supporte pas son incapacité au bonheur, due à une profonde mélancolie, et son caractère snob : plusieurs traits qu'encore une fois elle décide de confier à Chéri, qui se fait un fidèle miroir de cet amour de passage.

Le roman mondain

« Colette fut tantôt la romancière de la nature, des bêtes et des fleurs [...] tantôt la demi-mondaine frivole, libertine, amorale qui faisait de l'amour, de ses rages et de ses échecs, de ses perversions même, le sujet de «roman-à-ne-pas-mettre-entre-toutes-les-mains...» La biographie de la première s'évanouissait au profit de son écriture, mais les frasques de la seconde (trois fois mariée, trois fois divorcée) semblaient au contraire la matière brute des textes qui relevait de ce genre mineur qu'est le roman mondain. »

C'est ce pourquoi la romancière est si difficile à étiqueter. Elle nous livre ici une fresque sociale qui entre en dissonance avec ses habituels écrits : elle n'écrit pas sur elle, à peine sur ce qu'elle connaît, sur le monde moribond de la noblesse et tente de recréer sous sa plume tout un univers.

Ce roman donc, s'il n'est pas autobiographique, est inspiré de l'entourage de Colette, d'un monde qu'elle a fréquenté, par lequel elle est passée. Il se veut le miroir d'une société qu'elle livre au lecteur avec des mots choisis et incisifs ou, comme lui précisait son ami Cocteau : « Tu es la seule personne qui sache réussir des bulles de savon avec notre boue. Ton souffle irise n'importe quoi. » Nous sommes presque dans le roman psychologique, en témoignent les introspections poignantes de Léa, voire dans le naturalisme suggéré par les nombreuses allusions aux jardins ou encore ces mots de Mme Peloux : « Non pas, non pas ! L'hérédité, l'hérédité ! J'y crois ! » qui ne sont pas sans rappeler un certain Zola et ses théories sur l'atavisme.

DANS LA MÊME COLLECTION
(par ordre alphabétique)

- **Anonyme**, *La Farce de Maître Pathelin*
- **Anouilh**, *Antigone*
- **Aragon**, *Aurélien*
- **Aragon**, *Le Paysan de Paris*
- **Austen**, *Raison et Sentiments*
- **Balzac**, *Illusions perdues*
- **Balzac**, *La Femme de trente ans*
- **Balzac**, *Le Colonel Chabert*
- **Balzac**, *Le Lys dans la vallée*
- **Balzac**, *Le Père Goriot*
- **Barbey d'Aurevilly**, *L'Ensorcelée*
- **Barbey d'Aurevilly**, *Les Diaboliques*
- **Bataille**, *Ma mère*
- **Baudelaire**, *Les Fleurs du Mal*
- **Baudelaire**, *Petits poèmes en prose*
- **Beaumarchais**, *Le Barbier de Séville*
- **Beaumarchais**, *Le Mariage de Figaro*
- **Beauvoir**, *Mémoires d'une jeune fille rangée*
- **Beckett**, *Fin de partie*
- **Brecht**, *La Noce*
- **Brecht**, *La Résistible ascension d'Arturo Ui*
- **Brecht**, *Mère Courage et ses enfants*
- **Breton**, *Nadja*
- **Brontë**, *Jane Eyre*
- **Camus**, *L'Étranger*
- **Carroll**, *Alice au pays des merveilles*
- **Céline**, *Mort à crédit*
- **Céline**, *Voyage au bout de la nuit*

- **Chateaubriand**, *Atala*
- **Chateaubriand**, *René*
- **Chrétien de Troyes**, *Perceval*
- **Cocteau**, *Les Enfants terribles*
- **Colette**, *Le Blé en herbe*
- **Corneille**, *Le Cid*
- **Crébillon fils**, *Les Égarements du cœur et de l'esprit*
- **Defoe**, *Robinson Crusoé*
- **Dickens**, *Oliver Twist*
- **Du Bellay**, *Les Regrets*
- **Dumas**, *Henri III et sa cour*
- **Duras**, *L'Amant*
- **Duras**, *La Pluie d'été*
- **Duras**, *Un barrage contre le Pacifique*
- **Flaubert**, *Bouvard et Pécuchet*
- **Flaubert**, *L'Éducation sentimentale*
- **Flaubert**, *Madame Bovary*
- **Flaubert**, *Salammbô*
- **Gary**, *La Vie devant soi*
- **Giraudoux**, *Électre*
- **Giraudoux**, *La Guerre de Troie n'aura pas lieu*
- **Gogol**, *Le Mariage*
- **Homère**, *L'Odyssée*
- **Hugo**, *Hernani*
- **Hugo**, *Les Misérables*
- **Hugo**, *Notre-Dame de Paris*
- **Huxley**, *Le Meilleur des mondes*
- **Jaccottet**, *À la lumière d'hiver*
- **James**, *Une vie à Londres*
- **Jarry**, *Ubu roi*
- **Kafka**, *La Métamorphose*
- **Kerouac**, *Sur la route*
- **Kessel**, *Le Lion*

- **La Fayette**, *La Princesse de Clèves*
- **Le Clézio**, *Mondo et autres histoires*
- **Levi**, *Si c'est un homme*
- **London**, *Croc-Blanc*
- **London**, *L'Appel de la forêt*
- **Maupassant**, *Boule de suif*
- **Maupassant**, *Le Horla*
- **Maupassant**, *Une vie*
- **Molière**, *Amphitryon*
- **Molière**, *Dom Juan*
- **Molière**, *L'Avare*
- **Molière**, *Le Malade imaginaire*
- **Molière**, *Le Tartuffe*
- **Molière**, *Les Fourberies de Scapin*
- **Musset**, *Les Caprices de Marianne*
- **Musset**, *Lorenzaccio*
- **Musset**, *On ne badine pas avec l'amour*
- **Perec**, *La Disparition*
- **Perec**, *Les Choses*
- **Perrault**, *Contes*
- **Prévert**, *Paroles*
- **Prévost**, *Manon Lescaut*
- **Proust**, *À l'ombre des jeunes filles en fleurs*
- **Proust**, *Albertine disparue*
- **Proust**, *Du côté de chez Swann*
- **Proust**, *Le Côté de Guermantes*
- **Proust**, *Le Temps retrouvé*
- **Proust**, *Sodome et Gomorrhe*
- **Proust**, *Un amour de Swann*
- **Queneau**, *Exercices de style*
- **Quignard**, *Tous les matins du monde*
- **Rabelais**, *Gargantua*
- **Rabelais**, *Pantagruel*

- **Racine**, *Andromaque*
- **Racine**, *Bérénice*
- **Racine**, *Britannicus*
- **Racine**, *Phèdre*
- **Renard**, *Poil de carotte*
- **Rimbaud**, *Une saison en enfer*
- **Sagan**, *Bonjour tristesse*
- **Saint-Exupéry**, *Le Petit Prince*
- **Sarraute**, *Enfance*
- **Sarraute**, *Tropismes*
- **Sartre**, *Huis clos*
- **Sartre**, *La Nausée*
- **Senghor**, *La Belle histoire de Leuk-le-lièvre*
- **Shakespeare**, *Roméo et Juliette*
- **Steinbeck**, *Les Raisins de la colère*
- **Stendhal**, *La Chartreuse de Parme*
- **Stendhal**, *Le Rouge et le Noir*
- **Verlaine**, *Romances sans paroles*
- **Verne**, *Une ville flottante*
- **Verne**, *Voyage au centre de la Terre*
- **Vian**, *L'Arrache-cœur*
- **Vian**, *L'Écume des jours*
- **Voltaire**, *Candide*
- **Voltaire**, *Micromégas*
- **Zola**, *Au Bonheur des Dames*
- **Zola**, *Germinal*
- **Zola**, *L'Argent*
- **Zola**, *L'Assommoir*
- **Zola**, *La Bête humaine*
- **Zola**, *Nana*
- **Zola**, *Pot-Bouille*